VENTE
Du Samedi 11 Mars 1911
HOTEL DROUOT, SALLE N° 1
A 2 H. 1/2

Succession de Madame X.

Tableaux Anciens

ET MODERNES

AQUARELLES, DESSINS, GRAVURE

BRONZE DE BARYE

COMMISSAIRES-PRISEURS
Me Raoul CAVEROC
Me Albert LERICQUE

EXPERT
M. JULES FÉRAL

CATALOGUE

DES

Tableaux Anciens

ET MODERNES

Par

VAN BALEN ET VAN KESSEL, BESCHEY, BOILLY,
BRUANDET, BRUEGHEL, VAN DELEN, DE MARNE, F. DESPORTES, DROLLING,
VAN DER MEULEN, PETER NEEF ET FRANCK,
G. RIBOT, ROQUEPLAN, ETC., ETC.

AQUARELLES, DESSINS, GRAVURE

BRONZE DE BARYE

Dépendant de la Succession de Madame X.

ET DONT LA VENTE APRÈS DÉCÈS EN VERTU D'ORDONNANCE
AURA LIEU A PARIS

HOTEL DROUOT, SALLE N° 1

LE SAMEDI 11 MARS 1911

à 2 heures et demie

COMMISSAIRES-PRISEURS

Me RAOUL CAVEROC 23, rue Saint-Lazare	Me ALBERT LE RICQUE 59, rue du Rocher

EXPERT

M. JULES FÉRAL
7, rue Saint-Georges

EXPOSITION PUBLIQUE

Le Vendredi 10 Mars 1911, de deux heures à six heures

CONDITIONS DE LA VENTE

Elle sera faite au comptant.

Les adjudicataires paieront *dix pour cent* en sus des enchères.

Paris. — Imp. de l'Art, CH. BERGER, 41, rue de la Victoire.

DÉSIGNATION

AQUARELLES, DESSINS
GOUACHE, GRAVURE

BELLANGÉ (Hippolyte)

1 — *Scène de Don Quichotte.*

Aquarelle signée et datée : *Rouen, 1837.*

Haut., 34 cent.; larg., 22 cent.

DREVET (Pierre)

2 — *Portrait de Louis XIV.*

Gravure, d'après Rigaud.

GASTELHER

3 — *Intérieur de village.*

Aquarelle.

Haut., 18 cent.; larg., 27 cent.

PINGRAY (L.-J.)

4 — *La Bergère.*

Gouache.

Signée à gauche.

Haut., 12 cent.; larg., 18 cent.

TABLEAUX MODERNES

BONINGTON (Attribué à R.-P.)

5 — *Le Gué.*

Toile. Haut., 35 cent.; larg., 48 cent.

BRUANDET (Lazare)

6 — *Le Ruisseau dans la forêt.*

Les figures sont peintes par Demay.

Toile. Haut., 65 cent.; larg., 81 cent.

(*Collection Carayon Talpayrac. Vente du 27 mars 1893. No 8*).

CANELLA (Joseph)

7 — *Le Quai des Esclavons à Venise.*

Vue prise devant le palais des Doges. On aperçoit à gauche l'entrée du Grand-Canal.

Toile. Haut., 62 cent.; larg., 75 cent.

COIGNARD (Louis)

8 — *L'Abreuvoir.*

Signé à droite.

Toile. Haut., 80 cent.; larg., 1 m. 15 cent.

COIGNARD (Louis)

9 — *Retour des champs.*

Signé à droite.

Toile. Haut., 55 cent.; larg., 72 cent.

HILDEBRAND (Henri)

10 — *La Femme du pêcheur.*

Elle est assise sur la grève accompagnée de deux enfants, regardant des voiliers au loin sur la mer.

Au centre, un bateau de pêche échoué sur le sable.

Signé à droite et daté : *51.*

Toile. Haut., 26 cent.; larg., 40 cent.

RIBOT (Germain)

11 — *Fleurs des champs dans un vase.*

Signé à gauche.

Toile. Haut., 45 cent.; larg., 55 cent.

ROQUEPLAN (Camille)

12 — *Fillette assise dans la campagne.*

Coiffée d'un bonnet blanc, la jupe retroussée sur les jambes nues.

Bois. Haut., 18 cent.; larg., 13 cent.

SALET

(DEUX PENDANTS)

13-14 — *Vues de la plage de Villers-sur-Mer.*

Toiles. Haut., 26 cent.; larg., 40 cent.

ÉCOLE FRANÇAISE (XIXe siècle)

15 — *Portrait d'un officier.*

Toile. Haut., 64 cent.; larg., 52 cent.

BRONZE

BARYE

16 — *Thésée combattant le Centaure Biennor.*

Bronze à patine verte.

Signé : *A.-L. Barye.*

Haut., 34 cent.; larg., 39 cent.

TABLEAUX ANCIENS

BALEN (Jean Van) et KESSEL (Jean Van)

17 — *Allégorie de l'Automne.*

Au centre, une jeune femme assise dans un paysage tient une corne d'abondance remplie de fruits. Un jeune chasseur, accompagné d'un chien, lui présente un lièvre. Un enfant apporte des raisins; des fruits sont répandus sur le sol.

Au premier plan, des fleurs et des légumes; vers le fond, à gauche, une ferme; à droite, un cerf et une biche sous bois.

Bois. Haut., 55 cent.; larg., 85 cent.

BESCHEY (Balthasar)

18 — *Le Festin des dieux.*

Ils sont assis autour d'une table couverte d'une nappe blanche où sont posés des fruits et des vases d'orfèvrerie.

On remarque au premier plan, Mercure tenant une conque montée d'orfèvrerie, puis des chiens et divers animaux.

A gauche, des oiseaux dans un bouquet d'arbres. A droite, au bord d'un cours d'eau, l'Enlèvement d'Europe.

Signé à gauche.

Bois. Haut., 63 cent.; larg., 92 cent.

BOILLY (Louis-Léopold)

19 — *Frère et sœur.*

Une jeune fille blonde, en robe blanche décolletée, les bras demi-nus, un fichu posé sur la tête et noué sous le menton, porte dans ses bras un petit garçon vêtu d'une robe de soie gris-bleu et tenant des gimblettes.

Bois. Haut., 22 cent.; larg., 16 cent.

BRUEGHEL (Jean, dit de Velours)

20 — *La Route accidentée.*

Une carriole, des cavaliers et des bestiaux suivent une route gravissant une colline plantée de grands arbres. Au centre, au bord du chemin, deux femmes sont assises écoutant un paysan en veste rouge, portant une besace sur le dos.

A droite, une plaine s'étend à l'horizon.

Cuivre. Haut., 14 cent.; larg., 22 cent.

DELEN (Dirck Van)

21 — *Personnages à l'entrée d'un palais.*

Des dames et des gentilshommes sont réunis dans la cour d'un palais, devant une colonnade.

A droite, une porte monumentale.

Bois. Haut., 46 cent.; larg., 63 cent.

DE MARNE (Louis)

22 — *Bergers et animaux.*

Une jeune femme coiffée d'un fichu bleu, un châle rouge croisé sur les épaules, assise au centre sur un tertre, tricote en gardant un troupeau de vaches et de moutons.

Vers le fond, un pâtre joue de la flûte près d'une bergère assise sur le gazon.

Un torrent coule à droite, des rochers s'élèvent parmi les arbres et les broussailles.

Toile. Haut., 38 cent.; larg., 49 cent.

DESPORTES (François)

23 — *Chien et gibier.*

Un lièvre, des perdrix, des geais réunis au pied d'un arbre avec un fusil, un sac, une poire à poudre, sous la garde d'un chien.

Signé à gauche et daté : *1711.*

Toile. Haut., 90 cent.; larg., 1 m. 25 cent.

DROLLING (Martin)

(DEUX PENDANTS)

24 — *L'Été.*

Un jeune moissonneur, debout près d'un arbre, tient une faucille à la main. Il a ôté sa veste et la porte sur son épaule, n'ayant pour costume que son pantalon, sa chemise et un feutre gris.

Une campagne, où des moissonneurs abattent le blé, forme la perspective.

Bois de forme ovale.

Haut., 19 cent.; larg., 15 cent.

Cadre en bois sculpté.

DROLLING (Martin)

25 — *L'Hiver.*

Un jeune homme, enveloppé d'une ample redingote, coiffé d'un bonnet de laine et d'un grand chapeau, serrant ses bras contre sa poitrine, traverse une campagne dénudée par l'hiver, sous un ciel triste et nuageux.

Bois de forme ovale.

Haut., 19 cent.; larg., 15 cent.

Cadre en bois sculpté.

JEAURAT (Attribué à Nicolas-Henri)

26 — *Les Musiciens.*

Un joueur de luth fume une pipe en regardant une jeune femme coiffée d'un fichu blanc et tournant une boîte à musique.

Toile. Haut., 50 cent.; larg., 62 cent.

LANCRET (D'après)

27 — *Les Dénicheurs d'oiseaux.*

Au centre, une jeune femme en robe violacée est assise sur un tertre, regardant un nid d'oiseaux que lui offre un jeune gentilhomme.

Cinq personnages les entourent.

Bois. Haut., 19 cent.; larg., 19 cent.

LÉPICIÉ (Attribué à)

28 — *Portrait de Jeune Homme.*

Les cheveux blonds, bouclés et légèrement poudrés, en habit marron ouvert sur une chemise découvrant le cou, il est représenté en buste, presque de face.

Toile. Haut., 40 cent.; larg., 32 cent.

MEULEN (Adam-François Van der)

29 — *Choc de cavalerie.*

Des cavaliers sont aux prises à l'entrée d'un village ; les uns ont tiré leur épée, d'autres tiennent des pistolets. La mêlée se poursuit vers la droite dans une plaine.

Signé à gauche.

Bois. Haut., 22 cent.; larg., 31 cent.

Cadre en bois sculpté.

NATTIER (D'après)

30 — *Portrait d'un Prince en armure.*

Toile. Haut., 82 cent.; larg., 62 cent.

Cadre en bois sculpté.

NEEFS (Peter) et FRANCK

31 — *Intérieur d'une cathédrale.*

Au centre, plusieurs personnages sont réunis devant une chapelle, agenouillés ou debout, suivant un office.

Au premier plan, un prêtre en surplis blanc entretient deux gentilshommes vêtus de noir.

Sur un pilier de droite on lit la signature : *Franck.*

Toile. Haut., 48 cent.; larg., 62 cent.

RUBENS (D'après)

32 — *Portrait d'Élisabeth de France.*

Toile. Haut., 27 cent.; larg., 21 cent.

TENIERS (D'après)

(deux pendants)

33-34 — *Paysans devant un cabaret.*

Bois. Haut., 24 cent.; larg., 18 cent.

VAN DYCK (D'après)

35 — *Le Christ en croix.*

A droite, la Vierge et sainte Madeleine, à gauche, saint Jean.

Toile. Haut., 88 cent.; larg., 52 cent.
Cadre en bois sculpté.

WATERLOO (Attribué à Antoine)

36 — *Paysage avec figures et animaux.*

Bois. Haut., 68 cent.; larg., 90 cent.

ZORG (Henri ROKES dit)

37 — *Le Retour du chasseur.*

Dans un intérieur hollandais, un jeune homme coiffé d'une toque à plume blanche est assis au centre dans un fauteuil, un lièvre posé à ses pieds et un chien à sa droite. Il tend la main à son hôte devant une table couverte en partie d'une nappe blanche. Une jeune femme est occupée derrière eux devant une haute cheminée.

A gauche, et au premier plan, des ustensiles de ménage, des fruits, des volailles et des légumes sont réunis devant une porte de bois. Un chat boit dans une jatte, des poules et des poussins picorent au pied de l'escalier.

Dans le fond, un lit à colonnes.

Bois. Haut., 67 cent.; larg., 76 cent.

ÉCOLE ESPAGNOLE (XVIIe siècle)

38 — *L'Écot disputé.*

Toile. Haut., 75 cent.; larg., 58 cent.

(*Collection Carayon Talpayrac. Vente du 27 mars 1893. N° 74*).

ÉCOLE FLAMANDE (XVIIe siècle)

(DEUX PENDANTS)

39-40 — *Fumeurs et buveurs dans un intérieur.*

Bois. Haut., 25 cent.; larg., 19 cent.

ÉCOLE FLAMANDE (XVIIe siècle)

41 — *La Naissance de la Vierge.*

Toile. Haut., 65 cent.; larg., 55 cent.

(*Collection Carayon Talpayrac. Vente du 27 mars 1893. N° 77.*)

ÉCOLE FRANÇAISE (XVIIIe siècle)

42 — *Portrait de Fillette.*

Elle est debout dans un parc, jouant avec un perroquet posé sur une balustrade.

Toile. Haut., 1 m. 18 cent.; larg., 90 cent.

ÉCOLE FRANÇAISE (XVIIIe siècle)

(DEUX PENDANTS)

43-44 — *Scènes mythologiques.*

Toiles. Haut., 76 cent.; larg., 56 cent.

ÉCOLE VÉNITIENNE (XVIIe siècle)

45 — *Sujet d'histoire.*

Toile. Haut., 1 m. 06 cent.; larg., 1 m. 30 cent.

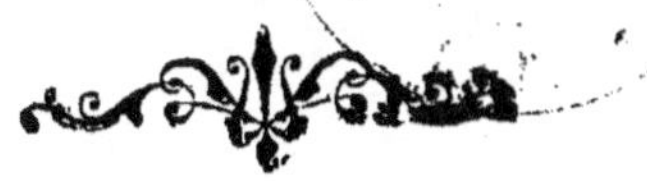

www.ingramcontent.com/pod-product-compliance
Lightning Source LLC
LaVergne TN
LVHW021709230826
846092LV00002BA/939